W0270203

An Wundern

IST NIEMALS MANGEL
IN DER WELT.

GILBERT KEITH CHESTERTON

Kleiner Weihnachtsabend

In Skandinavien gibt es eine wunderbare Weihnachtstradition. Am 23. Dezember feiert man hier den „Kleinen Weihnachtsabend". Dieser ist der gemütliche Auftakt zu den großen Festlichkeiten. Bevor der Trubel so richtig losgeht, trifft man sich mit der Familie und Freunden in entspannter Atmosphäre, kümmert sich um die letzten Vorbereitungen und genießt gemeinsam die Vorfreude und vorweihnachtliche Stimmung – ganz ohne Stress. Vielleicht ist der kleine Weihnachtsabend auch für dich eine Möglichkeit, noch einmal für einen Moment innezuhalten und den Adventszauber vor den trubeligen Festtagen zu genießen.

Herzen leuchten an Weihnachtstagen.

ANGELIKA EMMERT

Stille
ist die Wohlfühloase
des Herzens.

IRMGARD ERATH

Wie wenig Lärm
machen die wirklichen
Wunder!

ANTOINE DE SAINT-EXUPÉRY

Ist es nicht schön,
dass auch Erwachsene
zu Weihnachten wieder
Kinder sein dürfen?

LUCY MAUD MONTGOMERY

DASS DU DICH VON FUNKELNDEN

Kinderaugen

UND KINDLICHER VORFREUDE
ANSTECKEN LÄSST UND DEM
WEIHNACHTSFEST VOLLER FREUDE
ENTGEGENFIEBERST,
DAS WÜNSCHE ICH DIR.

Das Leben
ist das schönste
Märchen.

HANS CHRISTIAN ANDERSEN

Wer es sich gemütlich macht,
bei dem kehrt Ruhe ein,
der findet Zeit für
stille Gedanken,
dem öffnen sich Türen, vergessen
geglaubte, die Weihnachten
nach Hause bringen.

ELFRIEDE ENGEL

Ausruhen.
Genießen. Träumen.
Einfach loslassen.
Das Glück hat noch viel
mehr Namen.

PAUL HUFNAGEL

Wärmendes Winter-Badesalz

Einfach mal in die wohlige Wärme der Badewanne abtauchen und es sich gutgehen lassen. Das geht hervorragend mit selbst gemachtem Badesalz. Und das ist noch dazu eine wunderbare Geschenkidee für liebe Menschen im Advent.

Dafür brauchst du:
250 g Badesalz · 1 TL Mandel- oder Olivenöl · ca. 8 Tropfen natürliches ätherisches Öl · verschließbares Glas

Vermische das Badesalz mit dem Öl und träufele das ätherische Öl deiner Wahl darüber. Vermische alles gut und fülle deine Mischung in ein sauberes, verschließbares Glas. Lass das Badesalz über Nacht mit geöffnetem Deckel trocknen, bevor du es verschließt.
Wenn du das Badesalz verschenken möchtest, kannst du es noch mit einer Schleife verzieren.

Weihnachten ist,
wenn die besten Geschenke
nicht unterm Baum liegen, sondern
neben dir sitzen.

Wo die Liebe regiert,
dort herrscht auch
das Glück.

DON BOSCO

Ich wünsche dir,
dass am Weihnachtshimmel
die Sterne für dich tanzen
und dir den ein oder anderen

Herzenswunsch

erfüllen.

Wenn man auch
allen Sonnenschein wegstreicht,
so gibt es doch noch den Mond
und die hübschen Sterne
und die Lampe am Winterabend.
Es ist so viel
schönes Licht
in der Welt.

WILHELM RAABE

In jeder Keksdose
wohnt ein kleines Stückchen
Kindheit.

Plätzchen

sind süße Botschafter der Weihnachtszeit.

ANGELIKA EMMERT

Eine herzliche Umarmung,
ein gutes Buch,
gemeinsam Weihnachtslieder singen
und von Herzen lachen –
das ist

Adventsglück pur.

Das Leben ist
am schönsten, wenn du den
MOMENT GENIESST.
ELISABETH HÜRLIMANN

Glück ist die Summe
schöner Momente.

DAS IST

Lebenskunst:

SICH VERZAUBERN LASSEN
VOM ZAUBER
DES AUGENBLICKS.

PETER FRIEDE

Licht im Herzen

Der Advent ist eine wunderbare Erinnerung daran, uns ab und an auf die vielen Schätze in unserem Leben zu besinnen. Nimm dir diesen Dezember jeden Tag bewusst ein paar Minuten Zeit für ein kleines Dankbarkeitsritual. Mache dir eine Tasse Tee, zünde eine Kerze an und notiere in einem Notizbuch oder auf einem Zettel alles, wofür du an diesem Tag dankbar sein kannst. Richte deinen Blick auf die vielen Dinge, die dein Leben reicher machen, und freue dich über eine neue positive Perspektive.

Ein dankbares Herz
ist wie ein Magnet für
Wunder.

Auch das
kleinste Licht
hat sein
Atmosphärchen.

MARIE VON EBNER-ESCHENBACH

Ich wünsche dir,
dass immer ein
kleines Licht
für dich die Dunkelheit
erhellt.

Ich wünsche dir
kuschelig-wohlig-warme
Wintermomente in deinem
gemütlichen
Zuhause.

Liebeläutend

zieht durch Kerzenhelle,
mild, wie Wälderduft,
die Weihnachtszeit.

JOACHIM RINGELNATZ

Es gibt nicht viele Dinge,
die unser Herz so sacht
zur Ruhe bringen, wie
Kerzenschein und
erster Schnee.
INGRID KOLLER

Auf der Erde
gibt es keinen Himmel,
aber es gibt
Teile davon.

JULES RENARD

Winterregeln:

- Am Kamin kuscheln
- Kerzen anzünden
- Bunte Mützen tragen
- Heiße Schokolade trinken
- Einen Schneemann bauen

Winterzeit ist
Kuschelzeit.

Eine Stimmung einfangen, genießen und festhalten – welch ein **Geschenk.**

KATHARINA EISENLÖFFEL

Glück

ENTSTEHT OFT
DURCH AUFMERKSAMKEIT
IN KLEINEN DINGEN.

WILHELM BUSCH

Der Zauber steckt immer im Detail.

THEODOR FONTANE

Ich wünsche dir
eine Adventszeit,
die dir viele
kleine Gründe
zum Staunen
schenkt.

Ein Brief kann sein wie eine
zärtliche Umarmung,
die Geborgenheit schenkt.

CHRISTINA TELKER

Magische Weihnachtspost

Was gibt es im Dezember Schöneres als bunte Weihnachtspost, die aus dem Briefkasten flattert? Verschenke auch du diesen kleinen Glücksmoment an deine Lieben. Wähle ein paar schöne Karten aus und mache es dir daheim richtig gemütlich, während du ein paar liebe Worte an Familie und Freunde aus nah und fern formulierst. Mache dir dabei aber keinen Druck: Auch ein kleines „Ich denke an dich und wünsche dir ein frohes Weihnachtsfest" steckt voller Aufmerksamkeit und schenkt viel Freude.

Nun leuchten wieder
die Weihnachtskerzen
und zaubern Glück in
alle Herzen.

Wenn du
Märchenaugen hast,
ist die Welt voller

Wunder.

VICTOR BLÜTHGEN

WENN ES
IN UNS WEIHNACHTET,
WEIHNACHTET ES AUCH
UM UNS.

FRIEDERIKE WEICHSELBAUMER

In uns selbst
liegen die Sterne
unseres Glücks.

HEINRICH HEINE

Ich wünsche dir
im Adventstrubel immer mal wieder
einen kleinen Moment
zum Durchatmen.

Die schönsten, angenehmsten Tage
sind nicht die, an denen großartige,
aufregende Dinge passieren,
sondern die mit einfachen, netten

Augenblicken,

die sich aneinanderreihen wie
Perlen auf einer Schnur.

LUCY MAUD MONTGOMERY

Es ist so schön, beim Schein der Adventskerzen mit denen zusammen zu sein, die das eigene Leben **bereichern.**

Rainer Kaune

ICH WERDE

Weihnachten

IN MEINEM HERZEN EHREN
UND VERSUCHEN, ES DAS GANZE JAHR
HINDURCH AUFZUHEBEN.

CHARLES DICKENS

Die Augenblicke,
in denen wir
innehalten,
sind kostbar.

VOLTAIRE

Überhaupt sollten wir gelassen bleiben und dem kleinen Glück die Möglichkeit geben,

sich zu zeigen.

JUSTUS PAUL

Geschenke von Herzen

Geschenke gehören fest zur Weihnachtszeit. Doch das schönste von allen ist natürlich die Zeit, die wir gemeinsam verbringen. Wieso also nicht einmal diese Zeit verschenken? Wenn du nicht mit ganz leeren Händen dastehen möchtest, dann geht das auch wunderbar in Kombination mit einem konkreten Geschenk, zum Beispiel einem neuen Puzzle und einem Gutschein für einen Puzzleabend oder einem Kochbuch zusammen mit einem Gutschein für gemeinsames Kochen. So schön kann Schenken sein!

Es muss von Herzen kommen,
was auf **Herzen** wirken soll.

JOHANN WOLFGANG VON GOETHE

Glück ist ein
kleiner Stern,
der mitten in den
Tag fällt.

Wenn uns eine Sache fehlt,
sollte uns das nicht davon
abhalten, alles andere
in vollen Zügen
zu genießen.

JANE AUSTEN

Ich habe begriffen,
dass es reicht, wenn man mit den
Menschen zusammen ist,
die man mag.

WALT WHITMAN

Umgib dich mit Menschen,
die dein Herz
ZUM LEUCHTEN
bringen.

Unzählige
Wunschlos-Glücklich-Momente –
die wünsche ich dir von Herzen.

Die Seele
ernährt sich von dem,
worüber sie sich freut.

AUGUSTINUS VON HIPPO

Weihnachten

hält die Zeit zusammen.

UNBEKANNT

Lass die Magie
der Weihnachtszeit in dein
Zuhause und

in dein Herz!

Das Feuer knistert im Ofen,
hell lodert die rote Glut –
wir rücken dicht an die Flammen,
so plaudert und
träumt sich's gut.

LEON VANDERSEE

AM WARMEN KAMIN

träumt es sich gut vom Schneesturm.

AUS AMERIKA

Heißgetränke für die Seele

Heiße Getränke gehören zum Winter wie Schnee und Kerzenschein. Wenn es draußen ungemütlich und kalt ist, wärmen sie uns von innen. Meistens passiert das im Alltag aber ganz nebenbei. Dabei ist es wunderbar gemütlich, eine kleine Tee- oder Kakaopause zu zelebrieren. Nimm dir ein paar Minuten Zeit und wähle deine Teesorte ganz bewusst aus, genieße deine Tasse Kakao bei Kerzenschein oder lade deine Lieben zu einer gemeinsamen Tasse Punsch und ein paar Plätzchen und Lebkuchen ein, während ihr in euren schönsten Weihnachtserinnerungen schwelgt.

Augenblicke,
die wir genießen, lassen uns
den Himmel berühren.

ANGELIKA EMMERT

WENN WEIHNACHTEN KOMMT,
DANN WIRD ES HELLER
IN UNSEREM LEBEN. UND
DIE WEIHNACHTLICHE ERWARTUNG,
SIE IST WIE

schöne Musik.

RAINER KAUNE

Mein Wunsch für dich:
dass dir der Advent die Zeit schenkt,
die kleinen Glücksmomente des Lebens
ganz in Ruhe
zu genießen.

Nimm dir Zeit zum Träumen,
es ist der Weg zu den
Sternen.
AUS IRLAND

DIE ÄUSSEREN DINGE SIND
KEINE BEDINGUNG ZUM GLÜCK.
WIR MÜSSEN DEN
LEUCHTENDEN STERN DER
Zufriedenheit
IN UNS HABEN.

HERMANN HEIBERG

KEIN TAG HAT GENUG ZEIT,
ABER JEDEN TAG SOLLTEN WIR UNS
genug Zeit nehmen.

JOHN DONNE

Begegnungen
mit Menschen sind die
Sternstunden
am Weihnachtshimmel.

ELFRIEDE ENGEL

Im Advent
ist jeder Tag ein kleines
Goldstück.

Geborgenheit

ist das größte Geschenk.

KATHARINA EISENLÖFFEL

Die Welt ist voll von

magischen Dingen,

die geduldig darauf warten, dass
unsere Sinne schärfer werden.

WILLIAM BUTLER YEATS

Die Wundertüte
des Lebens zaubert einzigartige
Augenblicke
hervor.
ANGELIKA EMMERT

Lichtblicke in der Dunkelheit

Der Dezember ist der dunkelste Monat des Jahres. Erst zur Wintersonnenwende kehrt das Licht ganz langsam und zaghaft zu uns zurück. Doch die stillen, dunklen Stunden bieten auch eine wunderbare Gelegenheit, es langsamer angehen zu lassen und zur Ruhe zu kommen. Probiere doch mal aus, ganz entspannt in den Tag zu starten, während es draußen noch dunkel ist. Kuschle dich in eine warme Decke ein und meditiere für ein paar Minuten, schmökere in einem Buch oder beobachte, wie draußen langsam die Sonne aufgeht. Wenn der Tag so gemütlich beginnt, kann er nur gut werden, findest du nicht auch?

Egal wie kalt
es draußen sein mag –
in meinem Herzen
bleibt es immer warm.

STEFANIE VEY

Lass dich vom Advent verzaubern.

Advent zu fühlen ist immer ein Glücksgefühl.
FRIEDERIKE WEICHSELBAUMER

Es gibt so wunderweiße Nächte,
drin alle Dinge Silber sind.

RAINER MARIA RILKE

Die Erde ist angefüllt mit

Himmel.

ELIZABETH BARRETT BROWNING

DASS MAN
DIE GRÖSSTEN WUNDER
zu Hause
ERLEBT, DAS LERNT MAN ERST
IN DER FREMDE ERKENNEN.

WILHELM RAABE

Die Liebe
macht aus einem Haus ein
Zuhause.
NINA SANDMANN

Glück ist ein
Wunderding.
Je mehr man davon gibt,
desto mehr hat man.
GERMAINE DE STAËL

Ich wünsche dir,

DASS DU
REICH BESCHENKT WIRST –
MIT LIEBE, ZEIT UND
GEMÜTLICHKEIT.

Weihnachten
ist jener stille Moment -
in dem unsere Seele
das Herz berührt.

ROSWITHA BLOCH

Die größten Ereignisse,
das sind nicht unsere lautesten,
sondern unsere
stillsten Stunden.

FRIEDRICH NIETZSCHE

Augenblicke

innehalten und den Zauber des Winters
auf sich wirken lassen.

FRIEDERIKE WEICHSELBAUMER

Ich wünsche dir,

dass dir jemand die (Zimt)Sterne
vom Himmel holt.

Plätzchen
verschenken bedeutet
Liebe verteilen.

Auf die Plätzchen …

… glücklich, los!

Plätzchen sind die perfekten kleinen Glücklichmacher im Advent. Doch nicht nur das Naschen, sondern auch das Backen macht einfach froh. Allein oder gemeinsam kneten, kosten, backen, dekorieren und verschenken – nimm dir Zeit für eine bunte Backparty oder veranstalte einen gemütlichen Plätzchentausch mit Freunden. Zimtsterne, Butterplätzchen oder Vanillekipferl – welche Sorte lässt dein Herz höherschlagen?

Um Zeit zu haben,
muss man sich
Zeit nehmen.

WALTER REISBERGER

Die Adventszeit

IST EINE ZEIT, IN DER MAN
ZEIT HAT, DARÜBER NACHZUDENKEN,
WOFÜR ES SICH LOHNT,
SICH ZEIT ZU NEHMEN.

GUDRUN KROPP

SCHNEEFLOCKEN FANGEN, SCHLITTEN FAHREN, EINEN SCHNEEMANN BAUEN UND ANSCHLIESSEND MIT HEISSER SCHOKOLADE AUFWÄRMEN ... ES SIND

die kleinen Momente,

DIE DEN WINTER SO SCHÖN MACHEN!

Ich wünsche dir, dass du
mit der **Wintersonne**
um die Wette strahlst.

Sammle keine Dinge,
sondern funkelnde kleine
Glücksmomente.

Glück

fällt uns nicht wie ein Goldklumpen in den Schoß, sondern in vielen kleinen Talern.

MARIE BODDAERT

Weihnachten ist,
wenn das Herz
nach Hause
kommt.

OH WELCHER ZAUBER
LIEGT IN DIESEM KLEINEN WORT:

daheim.

EMANUEL GEIBEL

Glück strahlt zurück wie das Licht des Himmels.
WASHINGTON IRVING

Ich wünsche dir

kleine Lichtblicke

an dunklen Wintertagen.

Auf unserem Streifzug
über Wiesen und durch Wälder
entdecken wir viele kleine Schätze,
aus denen unsere Fantasie
Wunderbares
entstehen lässt.

ELFRIEDE ENGEL

Natürlich schön

Adventszeit – das bedeutet: Jetzt glitzert und funkelt es überall in den Straßen und Häusern. Doch eine besonders warme und gemütliche Atmosphäre kannst du auch mit natürlicher Deko schaffen. Sammle bei deinem nächsten Winterspaziergang ein paar Mistelzweige, Tannenzapfen oder Nüsse und hole dir ein Stückchen Natur in dein Zuhause. Lass dich von deinen Naturschätzen an die urige Schönheit der Adventszeit erinnern und daran, dass weniger oft mehr sein kann. Doch keine Sorge: Das geht auch wunderbar in Kombination mit deiner leuchtenden, funkelnden Weihnachtdekoration.

Das Beste, was man
in der Welt haben kann, ist
daheim zu sein.

BERTHOLD AUERBACH

Nicht da ist man daheim,
wo man seinen Wohnsitz hat,
sondern da, wo man
verstanden
wird.

CHRISTIAN MORGENSTERN

Weihnachten –
das sind Festtage, die mir
in freundlichem Schimmer
lange entgegenleuchten.

E. T. A. HOFFMANN

DIE STILLE LEICHTIGKEIT
DER WEIHNACHTSZEIT
WÄRMT UNSERE
Herzen.

ANGELIKA EMMERT

Es wird
Weihnachten!
Mein ganzes Haus riecht schon
nach braunem Kuchen.
THEODOR STORM

Draußen weißer Schnee,
blauer Himmel, Winterkälte …
Drinnen Kerzenschein, Plätzchenduft
und ganz viel

Herzenswärme.

IRMGARD ERATH

Es gibt nichts Tröstlicheres
als ein behagliches
ZUHAUSE.
JANE AUSTEN

Ich wünsche dir,

dass dein Zuhause immer
mit Licht, Liebe und Wärme
gefüllt ist.

Weihnachten!
Welch ein Zauber liegt
in diesem Wort!

MARIE VON MILLER

TANNENDUFT UND HERZENSWÄRME –
PURES GLÜCK ZUR

Weihnachtszeit.

JEREMY A, WHITE

Eine Tasse voll Glück

6 EL Mehl * ¼ TL Backpulver * 3 EL Kakaopulver
2 EL Zucker * 1 Prise Salz * 1 Prise Zimt * 6 EL Milch
3 EL Speiseöl * 1 EL Nuss-Nougat-Creme

Lust auf eine schokoladige kleine Auszeit im Advent? Dann fülle alle trockenen Zutaten in eine Tasse und vermische alles miteinander. Gib dann Milch, Öl und die Nuss-Nougat-Creme dazu und verrühre alles mit einer Gabel, bis ein fester Teig entsteht. Stelle die Tasse für 2,5 Minuten in die Mikrowelle und backe den Tassenkuchen bei ca. 600 Watt, bis er nicht mehr flüssig ist. Bestreue ihn nach Belieben mit Puderzucker und Mini-Marshmallows und genieße ihn warm.

Das Glück wohnt nicht
im Besitz und nicht im Gold,
das Glücksgefühl
ist in der Seele zu Hause.

DEMOKRIT

Weihnachtszauber
liegt in der Luft …

Die Tage vor Weihnachten haben einen besonderen

Duft.

FRIEDERIKE WEICHSELBAUMER

In der Weihnachtszeit
ticken die Uhren
gemütlicher.

ELFRIEDE ENGEL

Lass dir Zeit

und gönne dir immer mal wieder
eine kleine Pause.
Ich wünsche dir eine große Portion
Gelassenheit in der trubeligen
Adventszeit.

Advent

ist, wenn es sich die Seele so richtig gemütlich macht.

Hundert
KLEINE FREUDEN
sind tausendmal
mehr wert
als eine große.

PAUL WILHELM VON KEPPLER

Manchmal ist ein kleiner
Wohlfühlmoment
nur eine Tasse Kakao
weit entfernt.

Jeder
Augenblick
hat eine besondere
Botschaft.

HAZRAT INAYAT KHAN

Geborgenheit
ist freilich ein stärkeres Wort
für Glück.

JOHANN WOLFGANG VON GOETHE

Ich wünsche dir wunderbare
Momente der Freude und des

Geborgenseins

und hin und wieder ein kleines
Weihnachtswunder, das dir
ganz alleine gehört.

IRMGARD ERATH

Der Duft der Dinge
ist die Sehnsucht,
die sie in uns erwecken.

CHRISTIAN MORGENSTERN

Oh, wie das duftet!

Zimt, Orangen, Tannen und Vanille … es liegt Glück in der Luft! Adventsdüfte haben die magische Fähigkeit, Glücksgefühle und kostbare Erinnerungen an längst vergangene Weihnachtsfeste in uns wach zu kitzeln. Nutze diesen Zauber der Düfte und fülle dein Zuhause mit ihnen. Lege Orangenscheiben zum Trocknen auf deine Heizung, hänge frische Tannenzweige auf oder lass die Backofentür nach dem Plätzchenbacken noch eine Weile offenstehen, bis sich der köstliche Duft überall ausgebreitet hat. Schließe für einen Moment die Augen, atme tief ein und lass dich von den Düften ins Land der Erinnerungen tragen.

Im Winter
spüren wir die Stille der Welt,
wie ein Streichen über
die Seele.

ANGELIKA EMMERT

Der Winter zeigt uns
eine Jahreszeit lang, was
„zur Ruhe kommen“
bedeutet.

ELFRIEDE ENGEL

Ich wünsche dir,
dass du im Dezember jeden Tag eine Kleinigkeit findest, für die du dankbar sein kannst.

DER GEGENWÄRTIGE AUGENBLICK IST STETS VOLL UNENDLICHER **Schätze.**

JEAN PIERRE DE CAUSSADE

Die Orte des
Sich-wohl-Fühlens liegen auf
Herzenshöhe.

ERNST FERSTL

Weihnachten

IST NICHT NUR DA,
WO LICHTER BRENNEN,
SONDERN ÜBERALL DORT,
WO WIR DIE WELT EIN WENIG
HELLER MACHEN.

IRMGARD ERATH

An Weihnachten führen
alle Wege **nach Hause.**

MARJORIE HOLMES

Glück ist,

**ein Zuhause zu haben,
einen Ort, der Zuflucht und
Geborgenheit schenkt.**

MARLA LENNARD

Das Glück wartet zu Hause

Die Welt dort draußen? Kann heute mal auf dich warten. Mache es dir stattdessen mit deiner Lieblingsdecke, ein paar Plätzchen und einer großen Tasse Tee auf dem Sofa richtig gemütlich. So schön Weihnachtsmärkte und Treffen mit Freunden und Kollegen auch sind – die wahre Magie der Adventszeit findest du vor allem hier: in deinem warmen Zuhause. Genieße also den Weihnachtszauber für einen Abend ganz für dich allein oder im Kreis deiner Liebsten.

Ruhe, Stille, Sofa und
EINE TASSE TEE
gehen über alles!
THEODOR FONTANE

Es gibt Momente, die scheinen aus einer anderen Welt zu kommen, so schön sind sie, voll Glück und Liebe, unmittelbar **und zauberhaft.**

ANGELIKA EMMERT

Lieblingstage

sind die mit dem Lichterglanz
und dem Plätzchenduft und
der Gemütlichkeit.

Ich wünsche dir
viele kleine Überraschungen,
die dir den
Advent versüßen.

Es sind nicht nur
die großen Wunder, die zählen –
sondern vor allem
die vielen kleinen.

Das Glück

BESTEHT VIELLEICHT
IM STAUNEN KÖNNEN.

HENRI DUVERNOIS

Ich wünsche dir
ein Weihnachtsfest voller kleiner
und großer Wunder und eine
WUNDERVOLLE ZEIT
mit deinen Lieben.

Besuchen Sie uns im Internet: www.groh.de

© 2025 Groh Verlag. Ein Imprint der Verlagsgruppe Droemer Knaur GmbH & Co. KG
Maria-Luiko-Straße 54, 80636 München

Alle Rechte vorbehalten. Das Werk darf – auch teilweise – nur mit Genehmigung des Verlags wiedergegeben werden. Die Nutzung unserer Werke für Text- und Data-Mining im Sinne von § 44b UrhG behalten wir uns explizit vor.

Textnachweis: Wir danken allen Autoren bzw. deren Erben, die uns freundlicherweise die Erlaubnis zum Abdruck von Texten erteilt haben, sowie Ernst Ferstl, www.gedanken.at, S. 15.

Bildnachweis: Cover: Shutterstock.com; Innenteil: Shutterstock.com; Inna/stock.adobe.com; S. 5: Avocado_studio/stock.adobe.com; S. 7: Tina Terras & Michael Walter/Getty Images; S. 9: Yana Iskayeva/Getty Images; S. 13: Ivan Kmit/stock.adobe.com; S. 19: Giacomo Augugliaro/Getty Images; S. 21: Floydine/stock.adobe.com; S. 29: Kati Finell/stock.adobe.com; S. 31: 9parusnikov/stock.adobe.com; S. 35: Cavan Images/Getty Images; S. 37: Anna Blazhuk/Getty Images; S. 39: sonyachny/stock.adobe.com; S. 41: Alexandr Kolesnikov/Getty Images; S. 43: malkovkosta/stock.adobe.com; S. 45: Oksana Schmidt/stock.adobe.com; S. 51: Olena Bloshchynska/stock.adobe.com; S. 52: Cavan Images/Getty Images; S. 57: sonyachny/stock.adobe.com; S. 64: George Pachantouris/Getty Images; S. 66: Delphotostock/stock.adobe.com; S. 72: netrun78/stock.adobe.com; S. 75: alexugalek/stock.adobe.com; S. 76: Ulia Koltyrina/stock.adobe.com; S. 79: Karan Garg/500px/Getty Images; S. 80: Anastasiia Krivenok/Getty Images; S. 85: AlexMaster/stock.adobe.com; S. 89: shine.graphics/stock.adobe.com; S. 90: Art_man/stock.adobe.com; S. 99: netrun78/stock.adobe.com; S. 101: Tatiana Maksimova/Getty Images; S. 102: diephosi/Getty Images; S. 105: Milissenta/stock.adobe.com; S. 108: natalialeb/stock.adobe.com; S. 111: moofushi/stock.adobe.com; S. 115: BlueOrange Studio/stock.adobe.com; S. 117: sonyachny/stock.adobe.com; S. 118: sonyachny/stock.adobe.com; S. 120: Anastassiya/stock.adobe.com; S. 123: Soloviova Liudmyla/stock.adobe.com; S. 125: syntheticmessiah/stock.adobe.com; S. 127: sonyachny/stock.adobe.com; S. 129: Westend61/Getty Images; S. 135: sonyachny/stock.adobe.com; S. 137: Laura Stolfi/Getty Images; S. 139: Soru Epotok/stock.adobe.com; S. 140: Nord, 62®_/Getty Images; S. 143: Phimak/stock.adobe.com.

Text: Kristin Funk
Cover: Barbara Fuchs
Layout: Doris Wohafsky, Dipl. Kommunikationsdesignerin
Satz: Peter Ball, Media Diversified GmbH
Gesamtherstellung: Elma Printing & Finishing, Istanbul

ISBN 978-3-8485-0321-6

Kontaktadresse nach EU-Produktsicherheitsverordnung:
produktsicherheit@droemer-knaur.de

FSC
www.fsc.org
MIX
Papier I Fördert gute Waldnutzung
FSC® C164814

1 2 3 4 5